JUS

AF859366

AVOCAT

l'avenir d'une profession

Ce livre n'est que la synthèse des réflexions menées par la Commission Prospective de l'Ordre des Avocats de Paris. Tous les résultats d'études sont mis à disposition sur le site de l'ODA :
www.avocatparis.org

Ordre des Avocats de Paris

*A*VOCAT

l'avenir d'une profession

Livre Blanc de la Commission Prospective

Descartes & Cie

Coordination éditoriale :

Stratéus

© Descartes & Cie, 2005

32, rue Cassette, 75006 Paris

www.editions-descartes.fr

ISBN 2-84446-097-6

En application de la loi du 11 mars 1957, il est interdit de reproduire intégralement ou partiellement le présent ouvrage sans autorisation du Centre français d'exploitation du droit de copie (CFC), 20, rue des Grands-Augustins, 75006 Paris.

Le Livre Blanc de l'Ordre des Avocats de Paris est une œuvre collective qui s'est inspirée de toutes les réflexions et de tous les travaux conduits sous l'égide de la Commission Prospective depuis 2001, sous les bâtonnats de Francis Teitgen, Paul-Albert Iweins et Jean-Marie Burguburu, les présidences successives d'Alain Hollande et Patrick Vovan, les secrétariats d'Antoine Fourment, Patrick Vovan et Pierre Chaufour, et à laquelle ont participé :

Pierre-Alain Barat, Jean-Christophe Barjon, Michel Beaussier, Gérald Bigle, Philippe Bocquillon, Jean-Luc Boussard, Marie-Chantal Cahen, Régis Carral, Pierre-Jacques Castanet, Jean-Jacques Caussain, Vincent Cohen-Steiner, Jean-Pierre Cordelier, Olivier Cousi, Jean-Michel Darrois, François Delacroix, Denis Delcourt-Poudenx, Guillaume Forbin, Jean-Pierre Forestier, Alain de Foucaud, Christian Gardel, David Gordon-Krief, Jean-Charles Guillard, Michel Jacquot, Gérard-Gabriel Lamoureux, Sylvie Le Damany, David Lutran, Catherine Maisse, Nicole Milhaud, Loup Monnot des Angles, Elisabeth Moiron-Braud, Jeanine Muller-Jacquot, Gérard Nicolay, Frédéric Nouel, Vincent Ohanessian, Agnès Pannier, Marie-Aimée Peyron, Jean-François Prat, Jacques Prats, Francis Pudlowski, Lucile Rambert, John Riggs, Françoise Sartorio, Henry de Suremain, Sylvestre Tandeau de Marsac, Marie-Pierre Tietart-Froge, Philippe Touzet, Bertrand Weil.

Le Cabinet de Consultants POLEMARQUE, dont la Commission Prospective avait retenu l'assistance, doit également être remercié pour sa précieuse collaboration dans la conduite de ces travaux. Leur somme a été rassemblée et synthétisée dans un « Rapport d'Orientation » qui a été approuvé par le Conseil de l'Ordre des Avocats de Paris au fur et à mesure de son avancement, et dans son ensemble le 23 novembre 2004.

Intitulé *Avocats + 15, anticipons pour agir sur notre avenir*, le Rapport d'Orientation est composé de deux livres : *Identifier et comprendre les voies du changement* et *Emprunter le bon chemin.*

Ce Rapport, ses annexes, ainsi que les diverses études de marché réalisées sont mis à disposition sur le site internet de l'Ordre des Avocats de Paris (www.avocatparis.org), en appui et en complément de ce Livre Blanc.

SOMMAIRE

« Il n'y a de vent favorable
que pour celui qui sait où il va. »

Sénèque

Préface

Affirmer l'identité des avocats et leur rôle au service de leurs clients, de la Justice et de l'Économie. Rappeler la permanence et l'intangibilité des principes fondamentaux du Barreau. Vivre aussi pleinement le temps présent, ses évolutions et ses contradictions. Préparer l'avenir de la profession et de ses membres et mieux armer les cabinets pour un meilleur service des clients. Participer pleinement à l'œuvre du Droit tant pour les personnes que pour les entreprises aux niveaux national et international, sans jamais oublier les droits de la Défense, c'est la tâche essentielle des avocats. Gérer, veiller, proposer et inventer, c'est le rôle essentiel dévolu à notre Ordre par tous les membres du Barreau.

Cette tâche collective projetée dans l'avenir aura nécessité la durée de trois bâtonnats : à l'aube du troisième millénaire, le Bâtonnier Francis Teitgen a confié à la Commission Prospective de l'Ordre la charge d'étudier l'état de la profession et sa projection à quinze ans. Son successeur, le Bâtonnier Paul-Albert Iweins a soutenu ce travail en permettant d'affiner les analyses et de mettre au point les mesures et l'outil de veille nécessaires à l'adaptation constante de la vision à long terme de la profession.

Avec le Président Alain Hollande, dont le rôle a été essentiel, et Patrick Vovan, actif pendant et après son mandat au Conseil de l'Ordre, j'ai poursuivi et conclu ces travaux et souhaité qu'ils ne soient pas réservés à la seule connaissance du Conseil de l'Ordre. J'ai tenu à mettre à la disposition de tous : confrères parisiens et d'autres barreaux, pouvoirs publics, autres professionnels du droit et de l'économie et public dans son ensemble, le résultat du travail conduit pendant plus de quatre ans pour publier le présent Livre Blanc qui en constitue les propositions et engagements.

Ce témoignage de continuité, d'unité et de volonté et toutes les propositions qui en résultent n'auraient pu exister sans la soixantaine de confrères venant de tous les horizons de la profession qui y ont bénévolement consacré beaucoup de leur temps et de leur énergie : qu'ils en soient ici vivement remerciés. L'Ordre, qui les a soutenus, poursuivra son travail de veille, de propositions et d'actions. Je suis certain que mon successeur, le Bâtonnier désigné Yves Repiquet, continuera cette mission.

Au-delà de l'engagement de l'Ordre, il appartient à chacun des membres du Barreau, et à tous ensemble, de prendre en main l'avenir de notre profession avec ce courage qui, autant que leur indépendance, est la marque des avocats.

Personnellement, j'ai une confiance inébranlable dans l'avenir de notre profession.

Jean-Marie Burguburu
Bâtonnier de l'Ordre des Avocats de Paris

Avant-propos

Solidement implanté, incontestablement représentatif, le Conseil de l'Ordre du Barreau de Paris est devenu le cœur un peu particulier d'une entreprise moderne, regroupant 19 000 avocats. Peut-on imaginer aujourd'hui une entreprise sans « *business plan* » ? Qu'en est-il de « l'entreprise Barreau de Paris » ? L'institution est gouvernée et sait se faire entendre quand le besoin s'en fait sentir. Mais quels sont ses objectifs à moyen et à long terme ? Peut-elle se contenter de réponses limitées à deux ans, soit l'horizon temporel d'un bâtonnat ?

Un projet de prospective

À la fin de l'année 2000 est née l'idée, au sein de la Commission Prospective de l'Ordre du Barreau de Paris, de bâtir un projet stratégique conçu comme un outil permanent d'aide à la gestion et à la conduite du changement ; une porte ouverte sur un avenir à quinze ans. Plusieurs considérations ont pesé en faveur de la réalisation d'un tel projet.

Tout d'abord, face à l'éparpillement des avocats du Barreau de Paris en une multitude de groupes et de sous-groupes devenus plus ou moins indifférents les uns aux autres, il s'avérait indispensable, et même enthousiasmant, de faire apparaître une vision de l'avenir commune à l'ensemble d'entre eux.

Nous souhaitons ardemment que ce nouveau regard, ce nouveau projet commun, contribuent à retrouver le sentiment d'unité nécessaire à tous.

Ensuite, nous avons constaté qu'un certain nombre d'avocats, absorbés par leur tâche et l'énergie qu'elle leur demande, n'ont pu encore saisir à quel point notre univers professionnel a changé. En une décennie à peine, l'offre de services juridiques est devenue tellement concurrentielle qu'elle nous oblige à bouleverser radicalement nos modes de fonctionnement. Plus question, pour l'avocat, de rester cantonné à une offre statique dont le client devrait se contenter ; il lui faut désormais centrer toute sa démarche autour des besoins et des attentes de son client, voire les précéder.

Comprendre ce nouveau marché est un exercice qui fait appel à des techniques professionnelles qui ne sont pas de notre maîtrise. Éclairer l'avenir et en dégager les grands axes est affaire de professionnels. Il eût été doublement périlleux, pour la Commission Prospective, de s'ériger en prophète. Nous avons donc choisi de nous faire assister tout au long de la maturation du projet par des consultants extérieurs, tout en coopérant parallèlement avec des instituts spécialisés et des centres de réflexion.

Enfin, notre démarche a été profondément marquée par le maintien d'une très grande diversité et un renouvellement constant des membres de la Commission. Nous avons toujours considéré comme essentiel, pour l'efficacité du travail de l'équipe, de cultiver cette diversité en recherchant davantage les oppositions marquées que l'association de mêmes communautés de pensée. La Commission Prospective a ainsi réuni des membres et anciens membres du Conseil de l'Ordre, des avocats actifs dans les différentes associations syndicales, des avocats exerçant individuellement, des avocats issus de petites ou moyennes structures et de grands cabinets français ou internationaux.

Quatre phases de travail

Ces principes acquis, nous avons conçu l'architecture générale du projet, qui peut se résumer en quatre grandes phases :

- Première phase : analyse du marché du droit dans sa configuration actuelle ; cette analyse implique d'étudier à la fois les attentes des clients, les acteurs du marché et l'état de la réponse apportée par les avocats.

- Deuxième phase : recherche des grandes tendances pouvant affecter de manière significative l'évolution des besoins et remodeler la configuration du marché du droit à un horizon de quinze années.

- Troisième phase : formulation du projet d'ensemble, proposition de plans d'action et consultation des avocats du Barreau de Paris.

- Quatrième phase : mise à disposition de l'ensemble des travaux de la Commission Prospective, publication du Livre Blanc et création d'une cellule de veille prospective.

Comprendre et agir

Les premiers travaux ont été de rechercher et regrouper des informations, études éparses et données sur l'état actuel du « marché du droit ». Sur cette base, nous avons choisi de raisonner à partir d'une esquisse présupposée de ce marché. Nous avons ensuite confronté et corrigé cette modélisation à partir des conclusions des différentes études de marché commanditées auprès d'instituts spécialisés. Ces études, réalisées entre 2001 et 2004, se sont particulièrement intéressées aux dirigeants de PME-PMI, aux particuliers et aux collectivités territoriales.

L'Ordre a également cherché à mieux connaître les avocats parisiens en faisant réaliser une étude publiée en juin 2004 : « Pour l'amélioration de la connaissance socioculturelle des avocats du Barreau de Paris » (*cf.* Éléments bibliographiques).

Dans le même temps, il a été procédé à une approche analytique des acteurs et de la situation de la concurrence sur le marché du droit.

Par ailleurs, l'un des groupes de travail constitué au sein de la Commission s'est attaché à identifier les tendances marquantes susceptibles d'influer dans le futur sur les attentes et les besoins en matière d'offre de services juridiques. Les tendances identifiées ont été regroupées en quatre macrotendances – globalisation, éthique, régulation, temps – avant d'être intégrées dans un modèle dynamique – le « mobile » – qui a vocation, non à prédire l'avenir, mais à éclairer la route des quinze prochaines années de manière à pouvoir identifier en amont l'évolution des besoins afin d'être prêts à y répondre.

Un plan d'action général a été élaboré sur cette base. Nous l'avons décliné en divers chantiers d'action, pour être menés à bien au fil du temps. Une phase de consultation du Barreau de Paris sur ces chantiers a été lancée sur le Web au cours de l'année 2004. Le site dédié à cette consultation a reçu plusieurs milliers de visites. Parallèlement, la Commission continue de consulter diverses personnalités et leaders d'opinion sur son projet.

C'est dans cet esprit qu'a été décidée la publication de ce Livre Blanc, qui présente de manière synthétique notre démarche et notre projet. Nous espérons qu'il saura faire partager au plus grand nombre – avocats, mais aussi clients et pouvoirs publics – nos questions d'avenir, et qu'il donnera à chacun un éclairage nouveau sur le rôle que les avocats du Barreau de Paris entendent désormais jouer au sein de la société et de l'économie modernes, dans tous les domaines d'intervention où les porteront leurs missions.

-I-

L'avocat du troisième millénaire...

La fonction d'avocat est née du besoin des personnes physiques et morales d'être conseillées et défendues, dans une société organisée, par un tiers qui soutient à leur place ce qu'elles ne savent ou ne peuvent exprimer elles-mêmes.

Permanence et évolution

L'avocat participe à la garantie des principes en vigueur au sein d'une société démocratique, dans laquelle chacun dispose d'un droit inaliénable à voir ses intérêts défendus.

Quel que soit son champ d'action, il pèse sur l'avocat une double obligation :

- il doit être compétent, non seulement bien sûr connaître les lois, mais aussi savoir les interpréter, les rapprocher, suppléer à leurs lacunes dans ses activités tant de conseil que de plaideur et, dans ce dernier cas, apporter en outre ses qualités procédurales ;

- il doit être aussi moralement irréprochable, faire preuve de courtoisie, d'honnêteté et de loyauté.

Le grand public assimile encore largement l'avocat à la seule pratique du tribunal, devant lequel il plaide en robe dans l'intérêt de son client. Cette représentation de notre profession, qui trouve une partie de son origine dans le récit écrit ou filmé de causes célèbres ayant marqué leur époque, est toutefois très réductrice. Elle n'est que la partie la plus visible – et la plus évidente – de notre fonction de défense, qui doit être comprise dans son acception la plus large, c'est-à-dire l'élaboration et la mise en œuvre de la stratégie la plus adaptée à la demande de son client.

Cette fonction-là reste identique à ce qu'elle a toujours été, quels que soient les époques et le contexte économique, social ou politique. L'entrée dans l'ère de la consommation de masse et la prédominance de l'économie n'ont en rien modifié le rôle essentiel de l'avocat : assurer la défense de l'intérêt particulier dont il a la charge. Mais l'évolution de la société a des conséquences importantes et durables sur la façon dont nous devons maintenant exercer notre profession, plus particulièrement en élargissant considérablement nos domaines d'intervention et notre activité…

Le champ d'intervention de l'avocat s'est largement étendu avec la multiplication des droits spécialisés, qui occupent aujourd'hui une place prépondérante dans notre arsenal juridique : droit de l'environnement, des nouvelles technologies, de la propriété intellectuelle, de la consommation, droit public économique, fiscal, immobilier, social, droit de la santé, des biotechnologies, de la construction, de l'urbanisme, droit bancaire et financier…

Par ailleurs, l'important mouvement de judiciarisation observable à l'heure actuelle, qui se développe de plus en plus en marge des tribunaux étatiques, implique également qu'il agisse pour prévenir ou anticiper la survenance des conflits. Il est le mieux placé pour intervenir, ne serait-ce que par sa connaissance particulière des droits processuels.

En plus de son rôle de défense, l'avocat accorde naturellement une place de premier rang au conseil, sans pour autant le déconnecter de sa dimension judiciaire : qui mieux que lui peut envisager les possibles implications contentieuses des solutions qu'il préconise ?

Une démarche d'entrepreneur

L'avocat exerce une profession séculaire dans un monde en mouvement constant, dont le rythme s'est accéléré considérablement ces dernières décennies. La multiplication des normes et la sophistication croissante de la règle de droit lui imposent un haut niveau de connaissance technique. Elles induisent également une tendance à la spécialisation ou, au moins, l'obligent peu à peu à ne se consacrer qu'à certains types de dossiers ou de clients…

Cette logique a tout d'abord favorisé le regroupement des avocats au sein de structures de plus grande taille, puis la concentration de celles-ci. Ce qui a finalement abouti à une rationalisation du fonctionnement des cabinets d'avocats, qui se sont progressivement structurés sur le modèle des entreprises, sans que le caractère personnel des liens entre l'avocat et son client ne soit pour autant remis en cause.

Cette démarche d'entrepreneur est allée de pair avec l'intensification de la concurrence entre avocats, mais également entre les avocats et les autres professionnels du droit, que les clients n'hésitent plus à mettre en compétition pour bénéficier d'une prestation de qualité au meilleur prix. L'acceptation de cette logique concurrentielle (référencement, appels d'offres...) a aussi pour effet d'accroître le niveau des prestations fournies par les avocats. Ils doivent prendre en compte la réalité de la concurrence sur le marché du droit et chercher à mieux comprendre, pour mieux les satisfaire, les attentes de leurs clients.

Tout en restant libre et indépendant, l'avocat est donc entré de plain-pied dans un véritable marché, le marché du droit, dont il est devenu un acteur à part entière, à l'instar de ses clients. Il est soumis aux mêmes impératifs de compétitivité et doit faire face aux mêmes contraintes que les autres acteurs économiques, dont il est aujourd'hui plus à même d'apprécier et comprendre les demandes.

-II-

... face à un univers recomposé

Le droit n'est pas seulement la garantie pour le citoyen que justice lui soit rendue, mais constitue également le moyen par lequel celui-ci obtient la consécration économique et/ou financière de ses droits. Aujourd'hui, les deux moteurs de la solution judiciaire sont la rapidité et l'efficacité, ce qui tend à favoriser le conseil en amont et, en aval, le développement des modes alternatifs de règlement des conflits, au prix d'une certaine désaffection vis-à-vis du système judiciaire étatique classique.

La transformation de l'univers du droit

L'augmentation considérable de la demande de droit, qui s'exprime dans des domaines de plus en plus diversifiés, va de pair avec une multiplication des sources de droit, qui a contribué au phénomène d'inflation normative régulièrement dénoncé depuis une quinzaine d'années. Un rapport parlementaire publié en 2003 recensait plus de 8 000 lois et 100 000 décrets d'application en vigueur, sans compter les nombreux arrêtés et autres circulaires ! Ce phénomène est amplifié au niveau régional mais aussi international avec la multiplication des textes communautaires et la nécessité de réguler la globalisation par le biais d'institutions internationales elles-mêmes créatrices de normes.

La modification de notre système juridique de droit civil est d'autant plus importante que celui-ci subit, au plan international, la confrontation avec la *common law* anglo-saxonne. Ces deux systèmes peuvent sembler contradictoires, mais ils concourent à l'émergence d'un système juridique global à finalité essentiellement économique à laquelle contribue également le droit communautaire, qui s'inspire tant de la *common law* que du droit civil.

L'émergence d'un tel système global est inévitable et nécessaire à la régulation de la mondialisation. Les avocats y participent directement ou indirectement par leur pratique et les dossiers qu'ils traitent : appels d'offres internationaux, contrats, commerce international, création d'entreprises, droit des personnes, expatriation, immigration, droits de l'homme, environnement, tribunaux internationaux (civils, commerciaux, pénaux)...

L'environnement juridique est devenu tellement complexe qu'il rend indispensable le recours aux professionnels du droit que sont les avocats. Au-delà du cadre judiciaire auquel ils étaient traditionnellement cantonnés, leur activité a vocation à structurer des relations économiques qui reposent sur des règles de plus en plus difficiles à appréhender pour l'ensemble des acteurs du marché.

L'intensification de la concurrence externe

La mondialisation, pourtant fille du droit qui a permis la libéralisation des marchés, a semblé donner une prééminence aux questions économiques et financières par rapport aux questions juridiques.

La réaction concurrentielle des acteurs financiers et des professionnels du chiffre a été plus rapide que celle des avocats pris dans leur ensemble.

Certains **acteurs financiers** (banques, compagnies d'assurances...) ont ainsi profité de cette évolution pour pénétrer le marché du droit et s'en emparer. Ils ont élargi le champ de leurs interventions et proposent, de plus en plus souvent, des prestations de services juridiques à part entière, en concurrence directe avec celles des acteurs traditionnels dont ils ont bouleversé les habitudes. Après avoir investi le monde de l'entreprise, ils se sont naturellement tournés vers les particuliers, en privilégiant une apparence de proximité et de moindre coût.

Les professionnels du chiffre, quant à eux, ont su les premiers profiter de la périodicité des obligations comptables et fiscales des entreprises pour entretenir des relations privilégiées avec elles et investir à leur tour le marché du droit, en offrant à leurs clients des solutions multidisciplinaires clés en main. La cohabitation entre avocats et experts-comptables a été, pendant longtemps, compliquée par l'absence de délimitation précise de leurs domaines d'intervention respectifs. La législation (loi de sécurité financière...) et la jurisprudence, notamment européenne, ont permis de clarifier une situation qui devrait, à terme, permettre aux deux professions d'afficher tant leur complémentarité que leur singularité au bénéfice de leurs clients.

L'accès facilité, voire gratuit, à l'information juridique, mise à la disposition du public par les médias ou aisément disponible sur Internet, a lui aussi contribué à l'apparition d'autres acteurs, au premier rang desquels **les associations**, particulièrement présentes dans des secteurs plus sensibles au quotidien (famille, santé, logement, consommation...), grâce à leur proximité et à leur médiatisation. Leur enracinement sur le marché du droit a été encouragé par l'action des pouvoirs publics qui leur confient des mandats juridiques et judiciaires (enquêtes sociales, médiations familiales, maisons du droit...).

L'irruption de ces nouveaux acteurs sur le marché a conduit d'autres acteurs traditionnels du droit à s'interroger sur leur positionnement, en particulier les notaires et les huissiers de justice.

Les notaires ont clairement manifesté l'intention de ne pas être cantonnés dans leur rôle d'officiers ministériels, qui repose sur un monopole de plus en plus fragile, et se sont efforcés de s'ouvrir au monde de l'entreprise (création et cessions d'entreprises…) tout en se redéployant sur la consultation juridique.

Les huissiers, eux aussi, ont entrepris de communiquer en vue de moderniser leur image et ont profité ces dernières années de la restriction du champ de la représentation obligatoire devant les juridictions.

Dans la mesure où le droit est de plus en plus perçu comme un produit ordinaire, les consommateurs, d'abord soucieux d'efficacité et de compétitivité des prix, font jouer cette concurrence qui, en s'intensifiant, conduit à niveler les différences existant entre des professions auparavant bien identifiées.

L'évolution de la composition de la profession

La profession d'avocat a connu un bouleversement démographique majeur qui trouve son origine dans l'intégration des avoués d'instance en 1971, et qui s'est amplifié à partir de 1991 avec celle des conseils juridiques (près de 4 000 pour environ 19 000 avocats en France à l'époque). Avec aujourd'hui plus de 42 000 avocats inscrits, les effectifs nationaux de la profession ont quadruplé en l'espace de trente ans, et n'ont cessé de croître depuis 1992 sur la base d'un taux annuel moyen de 5 % avec, en parallèle, une forte féminisation. La profession d'avocat, relativement stable et préservée jusque-là des contraintes inhérentes au jeu concurrentiel, a vécu une transformation sans précédent.

Assez naturellement, ce phénomène s'est accompagné d'une élévation du niveau de qualification universitaire des jeunes avocats. Aujourd'hui, 95 % d'entre eux sont titulaires ou en cours d'obtention d'un diplôme de troisième cycle, contre environ 5 % vers 1970. Dans le même temps, l'âge moyen d'entrée dans la profession s'est élevé de façon sensible, pour se situer à environ 29 ans en 2003.

Tous ces changements ont finalement provoqué un bouleversement culturel profond de notre profession. L'apprentissage du métier est de moins en moins fondé sur la seule transmission d'un savoir-faire, et accorde une place essentielle à la maîtrise technique d'un droit lui-même de plus en plus sophistiqué. L'univers des avocats s'est peu à peu modifié, la profession s'est structurée, allant jusqu'à la création de cabinets de taille parfois très importante (comptant plusieurs centaines d'avocats). Leur organisation s'inspire très largement du modèle de l'entreprise, puisqu'elle autorise l'introduction du salariat, et bientôt des capitaux extérieurs.

La diversité des formes d'exercice qui résulte de cette mutation profonde favorise des échanges de savoir-faire, grâce à la circulation des avocats des petites structures vers les grandes et inversement. Le client bénéficie d'une réponse adaptée à ses attentes sur le plan technique, mais aussi en termes de qualité du rapport qu'il souhaite avoir avec son conseil : il peut choisir, en fonction de ses besoins, un fort *intuitus personae* ou la constitution d'équipes de spécialistes dans un domaine particulier du droit.

La mondialisation des échanges, la diversification des besoins et l'élévation du niveau d'exigence des clients ont poussé notre profession à démultiplier ses activités. Cette diversification a sans doute un peu brouillé l'image des avocats, mais ces contradictions apparentes contiennent en elles-mêmes des perspectives passionnantes et pleines de promesses, si nous savons mettre en œuvre les moyens nécessaires pour satisfaire les intérêts particuliers de nos clients dans toute leur diversité.

-III-

Des attentes spécifiques et plus complexes

Parce qu'il est un, sinon le principe structurant des rapports sociaux, économiques et politiques, le droit est omniprésent dans les relations entretenues par les personnes physiques ou morales. Si cette présence constante n'est pas toujours clairement perçue par nos concitoyens, elle génère cependant de nouveaux besoins et de nouvelles attentes, aussi divers que les personnes dont ils émanent.

Protéger tous les intérêts du client

Alors que la vocation première du droit est bien évidemment l'affirmation et la mise en œuvre de règles régissant le fonctionnement de la société au sens large, celles-ci finissent toujours par se traduire en termes économiques, même lorsque la demande des clients tend à la satisfaction d'intérêts extrapatrimoniaux. Il est donc temps de rompre avec une certaine habitude tendant à opposer artificiellement le droit et l'économie, alors que l'application de la règle de droit se traduit le plus souvent par une contrepartie financière. Nul domaine du droit n'échappe à ce constat.

Pour ce qui est du droit dit des « affaires » ou « économique » (contrats, sociétés, financement de projets nationaux ou internationaux…), cela est parfaitement entendu.

Mais le droit pénal est lui aussi concerné : en matière de délits mineurs, la sanction la plus durement ressentie est souvent de nature financière, au travers de l'amende et de la réparation du dommage qui ont une répercussion immédiate sur la vie quotidienne du condamné. De même, en matière criminelle, la capacité de l'auteur à indemniser sa victime est notablement prise en compte dans les demandes de libération conditionnelle. Le prix de la liberté est aussi réclamé à l'État en cas d'emprisonnement arbitraire ou injustifié.

Et que dire du droit de la famille ! Un divorce conflictuel au travers duquel le justiciable veut voir reconnaître les souffrances endurées dans le cadre du mariage se traduit souvent en partie, dans le jugement, par l'allocation de prestations compensatoires, voire de dommages et intérêts au titre du préjudice moral.

Ces exemples courants démontrent que même les domaines inhérents à la vie privée n'échappent pas durablement à une traduction économique des demandes de droit. L'avocat doit naturellement prendre en compte cette dimension économique dès l'ouverture du dossier. Toutefois, elle peut ne concourir que partiellement à la satisfaction de l'objectif recherché par le client dans son affaire, les attentes de ce dernier comportant d'autres aspects complexes, humains, sociaux ou moraux.

En s'adaptant à chaque cas particulier, notre prestation ne peut donc être purement technique. Elle concilie nécessairement la diversité des attentes du client. C'est ce qui fait la spécificité de ce que nous avons à offrir à nos clients : l'avocat se distingue d'autres professionnels intervenant sur le marché du droit qui offrent des prestations faisant abstraction de considérations autres qu'économiques.

Une déontologie très élaborée

Pour s'acquitter de ce rôle complet, l'avocat s'appuie sur des valeurs spécifiques, des principes déontologiques rigoureux, qui incluent l'indépendance et l'engagement.

Élaborée depuis des siècles, notre déontologie constitue un ensemble contraignant, structuré et unifié de règles qui s'appuient sur un règlement intérieur et qui visent à assurer la protection des intérêts des clients. Le règlement intérieur régit des sujets aussi divers que le secret professionnel, la confidentialité des correspondances entre les avocats (y compris avec leurs confrères étrangers), les conflits d'intérêts, le respect du principe du contradictoire, les obligations du rédacteur d'actes, les rapports avec la partie adverse, les honoraires, les modes d'exercice... et ne se limite donc pas aux seules questions relatives à la discipline des avocats.

À Paris, le règlement intérieur est constitué de l'intégralité du Règlement intérieur unifié des Barreaux de France, institué par le Conseil national des Barreaux qui reprend lui-même les dispositions du code de déontologie des avocats de l'Union européenne ; il comprend également des règles spécifiques régissant l'organisation du Barreau et un certain nombre d'annexes traitant de sujets divers (convention internationale de sauvegarde des droits de la défense, maniement de fonds, recommandations du Barreau de Paris relatives aux prestations juridiques fournies par voie électronique...).

Le respect de la déontologie est assuré, en dernier ressort, par la cour d'appel.

En matière de responsabilité civile professionnelle, il est financièrement garanti par une assurance collective obligatoire souscrite par le Barreau.

D'une manière générale, la déontologie assure les principes régissant l'ensemble de l'activité de l'avocat, mais aussi le respect de ces principes par l'existence de procédures disciplinaires dans lesquelles le ministère public a la possibilité d'intervenir.

Le règlement intérieur vise au respect par les avocats des principes essentiels de leur profession, contenus dans le serment prêté par chacun d'entre eux : « Je jure, comme avocat, d'exercer mes fonctions avec dignité, conscience, indépendance, probité et humanité. »

C'est l'ensemble de ces règles qui garantit au client que son avocat prendra en charge ses intérêts de manière engagée et en toute indépendance.

Quel que soit son domaine d'activité, l'avocat s'implique dans le dossier dont il a la charge en étant dévoué à son client et en accompagnant celui-ci dans ses démarches, devenant ainsi un partenaire privilégié. Sans être nécessairement le confident de son client, l'avocat est pourtant davantage que son seul mandataire, compte tenu de sa fonction de représentation et de l'indispensable relation de confiance qu'elle implique.

Déontologiquement, le « contrat » passé entre un client et son avocat est d'une nature particulière : même en cas de difficulté ou de conflit, il ne pourra prendre fin qu'après que l'avocat a donné à son client la possibilité de poursuivre la défense de ses intérêts. À défaut, l'avocat peut être dans l'obligation d'agir gratuitement pour son client. Au-delà de cet impératif déontologique, il pèse sur l'avocat une obligation morale qui le conduira bien souvent à continuer d'accompagner un client dans l'impossibilité momentanée de régler ses honoraires.

Cette démarche engagée ne peut se concrétiser que parce que l'avocat agit dans l'intérêt exclusif de son client.

Tout cela n'est possible que grâce à la garantie de notre indépendance et à la protection par la loi du secret professionnel, dont nulle personne ou institution ne peut nous relever. C'est ce qui rend si spécifique la nature des relations qui nous unissent, nous avocats, à nos clients.

S'adapter au marché

Si nous avons naturellement la capacité à apporter une réponse adaptée et personnalisée aux attentes de nos clients, la diversité de ces attentes du fait de l'accroissement des besoins de droit et de l'interpénétration croissante de l'économique et du juridique nous impose de savoir identifier et anticiper celles-ci. Il nous faut donc mettre le marché du droit au centre de notre stratégie, pour en comprendre la dynamique.

C'est dans cette perspective que des études de marché (PME-PMI, grandes entreprises, collectivités territoriales, particuliers) destinées à l'ensemble de la profession sont régulièrement réalisées depuis plusieurs années par la Commission Prospective du Barreau de Paris. Ces études ont pour but de permettre à chaque avocat d'affiner sa connaissance du marché en ses diverses composantes et de ses évolutions, pour élaborer sa propre réflexion stratégique. Elles nous ont également permis de comprendre comment les avocats sont perçus par leurs clients et de proposer les nécessaires adaptations de leur pratique professionnelle en conséquence.

Une étude réalisée en 2002 auprès des dirigeants de PME-PMI a été particulièrement riche d'enseignements. Elle démontre que ces derniers souhaitent majoritairement développer une relation durable fondée sur le partenariat, avec un avocat capable de faire preuve de disponibilité, d'être présent dans l'entreprise, mais aussi d'être prévisible et transparent quant au coût de ses prestations.

Une autre étude réalisée auprès de particuliers, qui ont eu jusqu'alors peu recours aux avocats en matière de conseil, révèle que nombre d'entre eux sont convaincus de l'intérêt de l'anticipation et de la prévention en matière juridique.

Enfin, une étude menée en 2003 auprès des responsables juridiques de collectivités territoriales indique que ces derniers nourrissent des attentes importantes vis-à-vis de leurs avocats, avec lesquels ils souhaitent tisser des liens forts. Ils entendent obtenir de leurs avocats des conseils en amont des décisions à prendre et une meilleure connaissance des spécificités locales. Ils considèrent, de manière assez unanime, que les enjeux juridiques et judiciaires seront, à l'avenir, de plus en plus nombreux, s'agissant en particulier des contestations des administrés, de la consolidation nécessaire de la dimension juridique des dossiers et des projets, et de l'application des normes européennes.

Indépendamment des études des attentes de nos clients, il nous faut prendre en considération, pour analyser le marché, les grandes tendances influant sur l'évolution de la vie économique et sociale : régulation, démographie, mobilité, pouvoir d'achat, recherche d'éthique... Tout simplement parce que le marché n'est pas une réalité figée, mais complexe et en perpétuel devenir, dont nous devons essayer de comprendre, sinon les mécanismes, du moins les facteurs d'évolution.

Cela impose, comme pour toute entité soucieuse d'assurer ses obligations de recherche et de développement, la création par l'Ordre du Barreau de Paris d'une cellule *ad hoc*, notamment pour permettre l'activité essentielle de veille. La Commission Prospective de l'Ordre du Barreau de Paris a identifié et analysé les principales tendances affectant l'activité des avocats et a conçu un outil permettant d'en apprécier les interactions. Cet outil est la preuve très concrète du souci qu'ont les avocats de répondre le plus justement possible aux besoins du marché du droit, et de les anticiper, aux niveaux national, européen et international.

-IV-

Les avocats face au marché du droit

Il faut se rendre à l'évidence : même si le droit n'est pas et ne sera jamais une marchandise ordinaire, le marché du droit est devenu une véritable réalité que nous devons savoir appréhender comme telle pour y prendre toute notre place.

Extension du domaine de compétence

Le monde change, les demandes des clients et les évolutions sociétales conduisent les avocats à se diversifier vers des secteurs émergents ou en pleine mutation.

La démographie, et notamment le vieillissement de la population, suscite de nouveaux besoins extrêmement précis, en matière de gestion du patrimoine et de l'épargne, de retraites, de mobilité, de dépendance et de santé des personnes âgées…

L'évolution des mœurs génère également des situations auxquelles nous devons nous adapter et que nous devons même savoir anticiper : questions liées à la revendication du mariage homosexuel et à l'adoption, émergence et renforcement du communautarisme, bioéthique, euthanasie...

L'évolution du **marché de l'emploi**, notamment dans le cadre de l'élargissement de l'Union européenne, pose elle aussi de nombreuses questions liées au recours à la main-d'œuvre étrangère, à la mobilité des travailleurs, ainsi qu'aux conséquences de la délocalisation des entreprises désormais facilitée.

La généralisation de l'utilisation des **nouvelles technologies**, quant à elle, modifie profondément les modes de production, mais aussi les rapports entre les individus et les relations entretenues par ces derniers avec les pouvoirs publics et privés. Le marché du droit des nouvelles technologies doit ainsi être envisagé dans sa dimension économique (e-commerce, télétravail...), mais également sous l'angle des menaces que celles-ci font peser sur les libertés publiques du fait du renforcement des moyens de contrôle des individus et de leurs activités qu'elles permettent.

L'écologie et le respect de **l'environnement** sont eux aussi au cœur des préoccupations des citoyens. C'est la raison pour laquelle la réglementation s'est très nettement durcie dans ce domaine. Le contentieux environnemental augmente régulièrement, induisant une demande accrue de la part des décideurs, publics et privés, en matière de conseil spécialisé et d'aide à la décision (créations, acquisitions...).

Les dysfonctionnements de **la globalisation** ont suscité de nombreuses réactions dans l'opinion publique, à l'origine de nouvelles exigences, notamment en matière d'éthique, de développement durable ou de responsabilité sociale des entreprises. De ce fait, les entreprises ont des besoins croissants d'assistance pour appréhender, anticiper et gérer les risques auxquels elles s'exposent, mais également pour établir des rapports environnementaux et sociaux, désormais obligatoires, ou élaborer des chartes d'investissement ou des chartes éthiques.

De même, le processus de **décentralisation** du pouvoir et de ses institutions, qui se poursuit actuellement dans la plupart des pays européens, implique l'intensification du développement du conseil aux collectivités publiques.

Il faut par ailleurs noter l'importance croissante des interventions de droit public à **l'international**, dans le cadre de travaux d'infrastructures par exemple (concessions, partenariats public-privé...).

Ces exemples témoignent de l'évolution rapide du cadre dans lequel nous exerçons notre activité d'avocat, et de l'impérieuse nécessité de nous adapter en conséquence. L'inflation normative est à l'origine d'une multiplication des conflits et, dans le même temps, d'un besoin croissant de sécurité juridique. L'élargissement de l'accès au droit, dont les pouvoirs publics ont fait une de leurs priorités, provoque une augmentation de la judiciarisation, s'agissant notamment du contentieux de masse. Demandes des clients et évolutions sociétales nous conduisent irrémédiablement à nous diversifier sur des secteurs émergents ou en pleine mutation, pour répondre aux nouveaux besoins juridiques qui en résultent.

L'avocat comme maître d'œuvre

Nous avons à faire face à l'extraordinaire ouverture de notre champ de compétence, mais aussi à la complexité croissante des opérations dans lesquelles nous sommes amenés à intervenir. Par exemple, la création d'une entreprise, qui va de la rédaction de ses statuts à l'organisation de ses transactions, en passant par la rédaction de ses baux ou la gestion de son personnel ou de ses sites (siège social, unités de production...). Dans un tel contexte, il est clair que l'intervention de l'avocat, même si elle concerne d'abord les aspects juridiques, englobe en réalité l'ensemble des paramètres de l'opération envisagée. En effet, nous nous devons d'agir de concert avec les autres acteurs impliqués dans la conduite d'un projet (professionnels de la finance, du marketing, de la gestion...). Notre action est, par essence, structurante, puisqu'elle vise précisément à bâtir le cadre dans lequel l'entreprise pourra commencer puis développer son activité.

Le rôle de l'avocat doit de plus en plus être considéré comme celui d'un « maître d'œuvre », qui conçoit l'architecture générale des projets et coordonne les actions de ses différents partenaires, que ceux-ci interviennent dans le domaine juridique (notaire...), financier (banque...), dans celui de l'assurance, de l'expertise comptable, de la communication ou du marketing. En faisant le lien entre les différentes phases d'un projet et entre les acteurs que celui-ci rassemble, nous permettons d'en assurer la viabilité par la sécurité juridique.

Mais l'avocat ne fait pas que garantir la fiabilité juridique de l'opération. Il doit aussi pouvoir en apprécier l'opportunité, pour en assurer l'efficacité de façon générale. Le cadre juridique d'une opération est également la traduction de la commande du client en termes d'objectifs à atteindre, surtout depuis que l'on observe, chez les chefs d'entreprise et les directeurs juridiques des grandes sociétés, une forte tendance à se prémunir contre la mise en cause de leur responsabilité. Ce constat se vérifie quelle que soit la nature du projet envisagé et implique que la relation entretenue par le client et son avocat s'inscrive dans une démarche véritablement partenariale.

Proposer au client, dans tous les domaines d'activité de l'avocat, une telle coopération dans le cadre d'une offre de maîtrise d'œuvre est aujourd'hui un objectif essentiel pour les avocats. Outre le solide lien de confiance à établir (connu par eux de longue date), cela nécessite d'offrir au client une assistance aux choix stratégiques, assortie de part et d'autre d'une totale transparence en matière de partage d'informations, même non juridiques.

Modernisation et réorganisation des cabinets

Le client ne peut être satisfait que si l'avocat lui apporte une réponse à la fois rapide et adaptée en disposant, en plus d'une compétence irréprochable, du soutien d'une équipe nécessairement réactive et impliquée. À côté des très grandes structures jouissant d'une importante visibilité, se sont développés de nombreux cabinets de taille plus modeste favorisant la souplesse de l'organisation.

La mobilité géographique des avocats doit être de plus en plus encouragée et développée pour répondre aux besoins découlant de la libéralisation des échanges.

À cet égard, l'internationalisation progressive du Barreau français, et notamment parisien (avocats étrangers inscrits au Barreau de Paris et avocats parisiens inscrits à des barreaux étrangers, implantation de nombreux cabinets internationaux dans la capitale et de cabinets français à l'étranger, promotion du droit civil...), doit se poursuivre, se structurer et sa nécessité être bien comprise par l'ensemble de la profession et des pouvoirs publics.

Dans son activité de maître d'œuvre, l'avocat peut et doit s'appuyer sur des réseaux (permanents ou non, formels ou informels) tant géographiques que professionnels (réseaux d'avocats et réseaux multidisciplinaires), en vue notamment d'offrir la gamme la plus large de compétences, s'agissant en particulier d'opérations non récurrentes. Ces réseaux, et la flexibilité de leur organisation, permettent de délivrer au client, dans des délais considérablement réduits, des prestations adaptées, de haut niveau et à des prix compétitifs.

Cela impose naturellement aux avocats un effort de modernisation et de rationalisation de leurs cabinets. Outre l'intégration des technologies et des techniques managériales les plus pointues dans leur exercice, une place centrale doit être désormais réservée à la communication avec les clients et en direction du marché (publicité notamment, dans le respect des règles déontologiques). La hausse du nombre de cabinets qui s'engagent dans la voie de la certification (norme ISO 9000) et, dc façon générale, qui ont adopté une « démarche qualité » pour optimiser leur activité et améliorer leurs prestations va dans le sens d'une élévation globale des exigences des clients vis-à-vis des avocats et, partant, d'une hausse du niveau de compétence et de responsabilité de l'ensemble de la profession.

Une formation adaptée

L'élévation du niveau de compétence des avocats passe également par les efforts importants fournis par la profession en matière de formation, qu'il s'agisse de la formation initiale des futurs avocats ou de la formation continue obligatoire que doivent suivre les avocats tout au long de leur carrière.

La formation initiale, qui a fait l'objet d'une réforme récente, accorde ainsi une place accrue à l'enseignement des techniques de management des cabinets, au partage des connaissances, aux techniques de communication, à une plus grande familiarité avec les systèmes juridiques étrangers et, bien sûr, à une pratique des langues étrangères (la maîtrise de l'anglais n'étant plus suffisante à elle seule).

La formation continue, obligatoire et généralisée à tous les avocats, doit leur permettre non seulement de suivre en permanence les nombreuses évolutions du droit, mais également d'anticiper l'émergence de besoins juridiques nouveaux.

Pour assurer l'adéquation et la pertinence de cette formation, la profession doit se donner les moyens d'une observation intelligente du marché, mais également des pratiques juridiques nouvelles ou originales proposées par certains cabinets ou par certains concurrents, et susciter chez les avocats un réflexe d'investigation des nouveaux marchés.

Cette démarche entreprise avec l'Observatoire du Barreau de Paris doit ainsi permettre d'identifier les compétences à acquérir, ainsi que les moyens à mettre en œuvre pour répondre aux demandes des clients. En témoigne le domaine de l'éthique, devenu un véritable marché qui a vu apparaître des premières offres structurées telles que l'assistance à la définition de critères, l'accompagnement à la certification et la contractualisation de ses différents aspects, le suivi de la mise en œuvre de ces critères…

-V-

Le rôle politique de l'avocat

La prise en compte par les avocats des besoins exprimés par le marché et la reconnaissance du caractère économique de leur activité n'impliquent pas qu'ils entendent renoncer à la dimension politique intrinsèque de leur fonction. Fin connaisseur de la norme au plan théorique, l'avocat en est aussi le praticien lorsqu'il la confronte aux intérêts de son client. Il est probablement le seul professionnel intervenant dans le champ juridique au sens large qui soit capable d'appréhender à la fois le sens de la volonté du législateur et les attentes de celles et ceux auxquels la norme est destinée.

En conseillant et en défendant nos clients, nous sommes garants du respect des libertés publiques et individuelles, jusqu'à devenir parfois l'ultime rempart face aux pouvoirs de toutes sortes, publics ou privés… Cette défense, dont l'illustration la plus évidente est naturellement celle de l'avocat plaidant dans l'intérêt de son client devant le juge, existe ou se prolonge hors du tribunal pour trouver un écho dans la société tout entière et s'inscrire pleinement dans le débat public. Les avocats demeurent les porte-parole d'opinions de toutes sortes, y compris de celles qui ne parviendraient pas à être relayées par les médias et/ou par la classe politique.

Participer à l'élaboration des normes

La spécificité de notre activité et de notre fonction sociale nous confère une pleine légitimité à participer au processus normatif. D'abord de manière indirecte, lorsque nous contribuons, aux côtés du juge, à l'élaboration de la jurisprudence, dont le législateur s'inspire souvent pour la conception des lois. Mais nous ne sommes pas uniquement des spécialistes d'un ou de plusieurs domaines du droit. Notre compétence juridique n'a d'utilité que parce que nous possédons une connaissance intime des réalités économiques et sociales. Dans notre activité, nous devons impérativement appréhender la situation de notre client dans ce qu'elle a de particulier à la lumière de l'environnement juridique, économique, politique et social dans lequel elle s'inscrit.

Conseil et défenseur du plus riche ou du plus pauvre, des grands ou des sans-grade, nous devons posséder une vision globale, qui ne saurait se limiter à la simple maîtrise des règles de droit. Notre rôle naturel d'intermédiaire entre le citoyen et les institutions, le contact direct que nous entretenons avec l'ensemble des usagers du droit du fait de la diversité de nos domaines d'intervention, nous rendent pleinement légitimes à participer à tous les degrés du processus normatif.

Tous les avocats détiennent une expérience particulièrement riche fondée sur leur pratique. Ces expériences individuelles s'additionnent au niveau de la profession dans son ensemble. Il nous appartient de faire comprendre aux pouvoirs publics combien ils gagneraient à tirer parti de l'expérience unique que nous avons de notre société, des problèmes qu'elle rencontre et de notre connaissance des réalités du terrain.

Il nous faut aujourd'hui, plus que jamais, insister pour que soit utilisée notre capacité à traduire ces réalités en termes normatifs, tant sur le plan du contenu que de la pertinence, de l'efficacité et de la qualité rédactionnelle de la loi, pour la rendre plus compréhensible et plus accessible à l'ensemble de la collectivité. C'est un devoir pour notre profession, c'est un travail d'avenir pour nos cabinets.

La même chose vaut également pour l'action internationale des avocats dont les compétences, qui leur permettent de participer à l'élaboration des textes (traités, constitutions, lois, codes, règlements, directives...), doivent être développées et mises en exergue. Elles répondent aux demandes du marché (multiples appels d'offres d'ordre juridique) et aux impératifs, d'une part, de nos clients qui recherchent la sécurité juridique et, d'autre part, de notre profession et des pouvoirs publics dans leur action de promotion du droit.

Compenser les carences de l'État

Cette mise à contribution des avocats favoriserait en particulier la sécurité de l'environnement juridique au sens large, qu'il s'agisse de la norme ou des rapports entretenus par les personnes privées (physiques et morales) entre elles ou avec les pouvoirs publics (transactions, gestion des conflits). La participation des avocats au processus normatif est d'autant plus nécessaire que ceux-ci pourraient pallier l'abandon par l'État de pans entiers de sa réglementation verticale, sous l'influence notamment du droit européen, dont l'élaboration accorde une large place à la concertation et à la négociation.

Le développement du lobbying est, à cet égard, un nouveau marché dans lequel les avocats français doivent intervenir, en concurrence avec leurs confrères anglo-saxons.

Le mouvement de déréglementation correspond à la mise en œuvre d'options idéologiques mais aussi à un aveu d'impuissance de la part de l'État à gérer une complexité dont il est largement responsable. Il induit l'émergence de nouveaux modes de régulation économique, sociale et politique, dont le façonnement ne peut faire l'économie de la participation active des avocats.

Notre rôle est déjà éminemment « politique », puisque notre profession est contrainte de corriger, de façon importante, les carences de l'État dans sa mission de service public, s'agissant notamment de la mise en place d'un accès au droit le plus large possible (mission traditionnelle d'aide juridictionnelle, consultations juridiques gratuites en mairie, permanences téléphoniques également gratuites à SOS avocats).

Mais nous soutenons également l'État dans plusieurs de ses champs d'intervention en multipliant les initiatives de toutes sortes du Barreau de Paris, dans des domaines tels que l'éducation (sensibilisation des jeunes, dès l'école, à la dimension juridique de la vie en société à travers le programme Initiadroit), l'aide à l'insertion des plus défavorisés (création du Bus de la solidarité), la fourniture de services divers à nos concitoyens (aide gratuite à l'établissement des déclarations de revenus)... Notre rôle doit donc être reconnu et établi dans des domaines plus formels, comme l'élaboration et l'établissement des nouvelles normes dont, par ailleurs, nous sommes les premiers à mesurer les conséquences de leur application.

Représenter le droit français

Le rôle joué par les avocats dans les échanges économiques internationaux favorise le rayonnement du droit français dans le monde. Il va du choix de la loi applicable aux contrats internationaux qu'ils rédigent jusqu'à la promotion, voire la défense, du droit civil face à d'autres systèmes juridiques. C'est d'ailleurs dans cet esprit que récemment, à l'instigation du Barreau de Paris, les plus hautes autorités de l'État ont pris la décision de créer la Fondation pour la promotion du droit français.

Notre pratique, voire notre familiarité à l'usage des droits étrangers, nous permettent de poser un regard extérieur sur le droit national et de suggérer des réformes qui s'inspireraient d'autres systèmes juridiques. Il est dans la logique que nous contribuions, peu à peu, au rapprochement des systèmes de droit civil et de *common law*, aujourd'hui en concurrence bien que souvent complémentaires.

La contribution des avocats à la défense des intérêts économiques nationaux doit être soulignée et reconnue par les acteurs économiques et les pouvoirs publics. Nous le faisons lorsque nous représentons et assistons des sociétés françaises devant des juridictions étatiques étrangères, internationales ou arbitrales, dans le cadre de litiges dont les enjeux de toute nature sont parfois considérables. Nous le faisons également lorsque nous accompagnons directement par nos implantations locales, ou à travers nos réseaux, nos clients dans leurs démarches contractuelles lorsqu'ils conquièrent de nouveaux marchés (Asie, Europe de l'Est...).

Enfin, le Barreau joue quant à lui un rôle actif pour le rayonnement international de la France sur un plan politique, par la participation de ses représentants institutionnels ou simplement de ses membres aux organisations internationales, aux congrès professionnels... Il est aussi, dans la tradition de notre profession et celle de la France, celui qui prend position contre toutes les atteintes aux droits de l'homme et qui participe à l'organisation de la défense devant les juridictions pénales internationales. Cette contribution repose tant sur une réelle volonté d'implication des institutions de la profession que sur le dynamisme d'associations d'avocats qui s'efforcent d'être présentes partout où des violations des droits de l'homme sont dénoncées (Avocats Sans Frontières, Conférence internationale des Barreaux de tradition juridique commune, Barreau pénal international...).

Compétents en de multiples domaines sensibles, engagés quotidiennement dans la réalité concrète de la bonne marche de la cité (en grec, *politikos*), il apparaît comme évident que nous, avocats, voulons et devons contribuer de manière réelle et active à la vie politique de notre pays.

-VI-

L'engagement des avocats

Les mutations de notre société ont conduit à une transformation de la profession d'avocat, sans avoir toutefois modifié notre rôle et notre mission. Nous devons continuer à nous impliquer dans la défense des intérêts qui nous sont confiés, en utilisant les moyens les plus adaptés et en exploitant tous les éléments utiles de notre cadre d'intervention (législation, compréhension de l'environnement général et des interactions entre les acteurs impliqués, capacité d'appréhension des risques inhérents à une situation donnée, intégration de ces risques dans la stratégie proposée au client pour atteindre son objectif...).

Moderniser nos pratiques

Notre Barreau s'engage à mettre en œuvre tous les moyens nécessaires pour remplir cette mission.

Cela signifie naturellement que la profession d'avocat doit poursuivre ses efforts de modernisation, de structuration et de rationalisation, mais également qu'elle intègre la notion de rentabilité des cabinets s'agissant des prestations fournies au client. Et cela sans qu'il ne soit en aucun cas question de sacrifier nos valeurs cardinales intrinsèques : indépendance, loyauté et engagement vis-à-vis du client.

La poursuite de ces efforts vise, *in fine*, à fournir à nos clients la prestation la plus efficace et à faire de notre relation avec eux un véritable partenariat.

La structuration des cabinets et le développement des réseaux (nationaux ou internationaux, multidisciplinaires ou non, formels ou informels) visent à répondre à ces objectifs : disposer d'un large éventail de compétences tout en garantissant une qualité d'écoute, accompagner nos clients à tous les stades de la prestation et rester parfaitement disponibles.

Les avocats s'engagent à faire preuve de réactivité, de souplesse, et à optimiser les moyens humains et technologiques auxquels ils ont recours pour répondre aux besoins spécifiques de leurs clients (infrastructure moderne, gestion et partage des connaissances – *knowledge management* –, maîtrise des langues étrangères, externalisation de certaines tâches lorsque cela paraît nécessaire sur un plan technique ou lorsque cela s'avère plus rentable pour le client...).

Il est essentiel que les avocats renoncent définitivement à la tentation de l'isolement en privilégiant le travail en équipe, indispensable pour leur permettre d'asseoir le partenariat auquel aspirent leurs clients, et pour leur donner les moyens de fournir des solutions juridiques complètes dans tous les types de dossiers, du plus simple au plus complexe.

Se former efficacement

Ces impératifs ont été pleinement intégrés dans le cadre de la formation dispensée aux avocats. À terme, celle-ci devra être réellement dissociée de l'apprentissage théorique du droit à l'université pour être exclusivement axée sur la pratique professionnelle, qui doit elle-même s'adapter aux changements toujours plus rapides de notre société.

Les futurs avocats, qui bénéficient d'une formation juridique de qualité, doivent également posséder des connaissances dans des domaines moins strictement juridiques, aujourd'hui indispensables pour leur permettre d'assurer pleinement un rôle de maître d'œuvre.

Garantir notre indépendance

La conciliation des impératifs d'efficacité, de rentabilité et d'indépendance des avocats peut apparaître comme une gageure, mais constitue une nécessité absolue pour garantir une défense engagée des intérêts du client. Cette indépendance doit être spécialement affirmée sur le plan économique. Il est essentiel que l'avocat préserve sa liberté d'appréciation des questions qui lui sont posées pour assumer pleinement, mais avec toute la distance nécessaire, la responsabilité des affaires qui lui sont confiées.

Au-delà, la profession doit également veiller à ce que son indépendance politique ne soit pas remise en cause. Dans cette perspective, nous devons rester vigilants quant à la défense du secret professionnel et nous prémunir contre des logiques sécuritaires excessives nous empêchant, dans certains cas, de défendre les intérêts de nos clients.

Préserver notre déontologie

C'est de sa déontologie que la profession tire la force nécessaire à l'exercice de son art.

Il est donc indispensable de préserver et de renforcer les principes essentiels de cette déontologie que la profession d'avocat est la seule, parmi les autres professionnels intervenant sur le marché du droit, à offrir dans l'intérêt du client. Pour demeurer un instrument efficace et moderne, la déontologie doit être régulièrement adaptée à la réalité des pratiques professionnelles, notamment en matière de conflits d'intérêts, de responsabilité ou de confidentialité... Veiller à cette adaptation est une tâche essentielle de nos institutions.

La déontologie doit également être rendue aisément compréhensible, autant pour les avocats qu'elle guide que pour leurs clients dont elle protège les intérêts, qu'il s'agisse de la confidentialité des échanges, de la négociation des contrats et des transactions ou de la loyauté des débats judiciaires.

Pour qu'elle soit parfaitement comprise, ses points forts doivent être traduits dans une charte d'engagement des avocats du Barreau de Paris envers leurs clients, permettant et garantissant la plus grande transparence dans la relation client-avocat, et facilitant d'autant celle-ci.

Veiller et anticiper

Les missions de l'avocat revêtent autant de formes qu'il existe d'intérêts particuliers. Elles ne peuvent donc être totalement assumées que si nous poursuivons notre démarche de connaissance et d'anticipation des besoins en matière juridique, même et peut-être surtout lorsque ceux-ci ne sont pas toujours clairement exprimés. Une veille qui ne soit pas uniquement législative, mais qui englobe l'observation et la compréhension des transformations sociales, politiques et économiques est indispensable. Nous avons proposé la création d'une Cellule de recherche prospective du Barreau de Paris, véritable bureau d'étude de la profession.

Cet organisme devra notamment centraliser et exploiter les analyses des diverses tendances ayant un impact majeur sur l'évolution de notre société (y compris sur le plan international), et communiquer ses travaux à l'ensemble des avocats pour leur permettre d'adapter leur pratique en conséquence.

Afin de disposer d'une information la plus complète et la plus concrète possible, les avocats doivent associer à leurs réflexions les divers acteurs concernés (qu'ils soient à l'origine de ces changement sociétaux, qu'ils en subissent les impacts ou qu'ils tentent d'y répondre) au sein de cercles de réflexion (*think tanks*) spécifiques.

Satisfaire tous les besoins de droit

La mise en place de ces moyens nous permettra d'appréhender la totalité du marché du droit et d'apporter à chaque demande de droit – y compris celles formulées par les clients les moins solvables – une réponse performante et adaptée. Il est toutefois essentiel que les pouvoirs publics assument réellement leurs responsabilités dans le cadre de la politique d'accès au droit actuellement menée, qu'il est urgent de repenser. Il faut malheureusement se rendre à l'évidence : l'insuffisance des moyens humains et financiers alloués par l'État ne permet pas, pour le moment, d'assurer l'égalité d'accès des citoyens à la justice.

L'augmentation des besoins de droit se manifeste également par la multiplication des dossiers de toutes sortes, dans lesquels le faible montant des enjeux financiers peut dissuader de recourir à l'avocat, avec notamment pour conséquence de ne pas satisfaire, ou de ne satisfaire que partiellement, ces besoins de droit. Il est urgent que nous puissions mettre en œuvre les moyens nécessaires pour traiter efficacement ces demandes massives, au même titre que les autres.

Nous devons également pouvoir répondre aux demandes d'actions collectives, dans le respect des principes généraux du droit français, en particulier celui selon lequel « nul ne plaide par procureur ». Les avocats doivent participer à la définition du régime juridique applicable à cette action collective, notamment pour éviter les excès observables aux États-Unis en matière de *class action* (action collective), laquelle a récemment fait l'objet, dans ce pays, de mesures d'encadrement plus strictes.

La nécessaire satisfaction par les avocats des nouvelles demandes de droit ne signifie pas, pour autant, l'abandon de l'activité judiciaire qui leur échoit naturellement, compte tenu de leur pratique du tribunal qui s'appuie notamment sur un savoir-faire historique, une connaissance intime de la procédure et une expérience quotidienne dans ce domaine. Nonobstant les tentatives de réforme menées par la Chancellerie pour rationaliser et accélérer la procédure – ce qui est nécessaire –, il est indispensable que nous maintenions notre présence dans les tribunaux pour garantir une justice impartiale et de qualité.

Les avocats ne rempliront pleinement leur mission de défense qu'en s'impliquant davantage dans les modes alternatifs de règlement des litiges, promouvant leur développement en mettant à profit leur expérience et leur savoir-faire en matière de gestion des conflits et de recherche de solutions.

D'une manière générale, nous devons nous efforcer d'évaluer le bénéfice que tireront nos clients de notre intervention, et d'identifier précisément la valeur ajoutée de notre prestation. Ainsi, nous devons nous engager dans une dynamique de service privilégiant la fourniture de prestations à forte valeur ajoutée nous distinguant de nos concurrents et justifiant le montant de nos honoraires. Nous devons également élargir notre offre de solutions juridiques, en y incluant des services multidisciplinaires, pour répondre à la diversité et à la complexité croissantes des demandes de nos clients.

Notre **engagement** est donc avant tout celui d'une profession unie au sein de son Barreau, désireuse de s'inscrire pleinement dans son époque et de répondre à l'ensemble des besoins de droit qui n'ont jamais été si nombreux et si diversifiés.

« Le courage est la première des qualités humaines, car elle garantit toutes les autres. »

Aristote

Conclusion

Le courage de notre ambition

Le chemin de notre ambition est tracé. Il passe, nous l'avons vu, par la reconnaissance de l'existence du marché du droit, dans lequel nous devons et pouvons prendre toute notre place, d'autant que nous lui apportons ce supplément d'éthique qui nous permet d'affirmer fortement que si ce marché existe, le droit – qui est aujourd'hui partout – ne peut et ne doit en aucun cas être considéré comme une simple marchandise.

En reconnaissant les réalités du contexte dans lequel il exerce aujourd'hui, l'avocat met forcément le client et ses demandes au centre de son action.

Dépassant l'offre obligée pour répondre à la demande, il met au service de son client toute l'étendue de son savoir-faire, qui va bien au-delà de la seule compétence technique, et inclut un solide corps de valeurs issues de la déontologie qui s'impose à lui, au premier rang desquelles l'indépendance et l'engagement.

Ces deux valeurs essentielles, intrinsèques aux avocats, sont le socle de leur relation avec leurs clients et le gage de leur objectivité, disponibilité et dévouement, qui est loin d'être une formule de politesse gentiment surannée en bas d'une lettre.

Pour avancer rapidement sur ce chemin, les avocats doivent encore mieux accepter de mettre en commun leurs ressources et leurs compétences.

Sans renoncer au caractère libéral de leur profession, ni à l'*intuitus personae* dans leurs relations avec les clients, les avocats du troisième millénaire doivent reconnaître l'importance des structures d'exercice et s'appuyer sur celles-ci (quelle que soit leur taille) et sur les réseaux avec lesquels ils collaborent.

Ils doivent, dans tous les cas, privilégier le travail en équipe, indispensable pour leur permettre d'assurer, au-delà de leur participation à des opérations complexes en tant que cotraitants ou sous-traitants, ce rôle de maître d'œuvre de la solution juridique dont l'importance ne peut que s'amplifier.

Cette dimension collective est également primordiale pour la profession dans son ensemble. Elle seule permet de recréer l'idée, l'image et la réalité d'une unité aujourd'hui fragilisée par l'éparpillement.

C'est par elle que les avocats pourront individuellement et collectivement poursuivre et maîtriser leur évolution, réalisant ainsi leur ambition de retrouver leur rôle de tout premier plan, non seulement professionnel, mais également social et politique.

Consciente de sa force et de sa capacité à répondre aux nouveaux enjeux de l'époque actuelle, la profession d'avocat restera maîtresse de son destin en faisant preuve de « *la première des qualités humaines* » : le courage.

Éléments bliographiques

Ouvrages

• Gilles Le Begue ; *La république des Avocats*, Armand Colin, 2003

• Bâtonnier Claude Lussan et Maître Lucile Rambert ; Statistique 2003 – Observatoire du Barreau de Paris

• Bâtonnier Claude Lussan et Maître Lucile Rambert ; Statistique 2001 – Observatoire du Barreau de Paris

• Laurent Marlière ; *Le marketing du cabinet d'avocats*, Editipons Organisation, 1999

• Lucien Karpik ; *Les avocats – Entre l'État, le public et le marché – XIII*[e] *– XX*[e] *siècle*, Bibliothèque des Sciences humaines, Gallimard, 1995

• Yves Dezalay ; *Marchands du droit*, Fayard, 1992

• Laurent Cohen-Tanugi ; *La métamorphose de la démocratie*, Odile Jacob, 1989

• Association nationale des Avocats, sous la direction de Maître Alain Tinayre et Denis de Ricci ; *Au service de la Justice : la profession juridique de demain*, Dalloz, 1967

Rapports

- Rapport d'Orientation Commission Prospective de l'Ordre 2004 (Livre I – Livre II), www.avocatparis.org

- Patrick Vovan ; Conseil de l'Ordre 2004, Rapport d'Orientation de la Commission Prospective, 23 novembre 2004

- Rapport Sansot au Conseil de l'Ordre, février 2003

- Rapport de Monsieur Étienne Blanc, député à l'Assemblée nationale, 4 avril 2003

- Patrick Vovan ; Conseil de l'Ordre 2003, Rapport de la Commission des Textes et de la Prospective « *Avocats +15 : anticipons pour agir sur notre avenir* », 18 novembre 2003

- Antoine Vauchez, Laurent Willemez avec la collaboration de Florence Gallemend ; « *Contribution à la connaissance statistique de la profession d'Avocat* », octobre 2002

- Antoine Fourment, Conseil de l'Ordre 2002, Présentation « *Avocats 2015 étape 2* », 5 décembre 2002

• Rapport public Conseil d'État 2001

• Antoine Fourment ; Présentation des travaux de la Commission Prospective au Conseil de l'Ordre du 18 décembre 2001

• Lucile Rambert ; *À propos du marché du droit en France*, février 1999

• Rapport du Barreau du Québec : « *La pratique du droit au Québec et l'avenir de la profession* », juin 1996

Études

• « *Pour l'amélioration de la connaissance socioculturelle des avocats du Barreau de Paris* », TNS-Sofrès pour la Commission de la Prospective du Barreau de Paris, Paris, juin 2004

• *Mission de recherche droit et justice – Enquête auprès des usagers de la justice*, Louis Harris, mai 2001

• *Usages et attitudes à l'égard du Droit dans les PME-PMI*, Institut Sylab-Ypsis pour la Commission de la Prospective du Barreau de Paris, Paris Étude CURRAP, septembre 2002

• *Contribution à la connaissance statistique de la profession d'Avocat*, UMR 6054 du CNRS, Enquête pour le Conseil national des Barreaux, Paris, octobre 2002

• *Étude nationale sur la profession d'avocat*, Institut Korélat, Lille, octobre 2002

• *Étude auprès de la cible des particuliers*, IFOP pour la Commission de la Prospective du Barreau de Paris, Paris, novembre 2002

• *Enquête sur la justice et les attentes du public, Comité la Justice au 3e Millénaire,* sous la direction du Bâtonnier Claude Lussan, octobre 1998

• *Étude sur la profession d'avocat,* Ministère de la Justice, Direction des Affaires civiles et du Sceau, Caroline Moreau (cellule étude et recherches) sept. 1997, sept. 1998, sept. 1999, sept. 2000, sept. 2001, sept. 2002, sept. 2003, sept. 2004 (à paraître en octobre 2005)

• *Étude sur les relations entre la profession d'avocat et celle d'expert-comptable* – pour la Chancellerie, mai 1996

Articles

• Olivier Debouzy, *Les avocats et le rôle du droit dans la société française*, ENA Mensuel, n° 329, février 2003

• Caroline Dupuy, *Les tendances du marché du droit en 2003*, Avocat-tv.com, 11 janvier 2003

• Laurent Dutuy, *L'avocat et l'État*, ENA Mensuel, n° 329, février 2003

• Marc Frilet, *La dialectique* common law/civil law, *une chance historique*, Revue de l'ACE, n° 81, 2002

• Valérie Malo, *Profession du droit et marketing*, Avocat-tv.com, Bruxelles, 6 septembre 2002

• Patrick Vovan et François Delacroix, *Garder la route, changer l'esprit*, Revue de l'ACE n° 81, page 37, 2002

Cet ouvrage a été achevé d'imprimer pour le compte des éditions Descartes&Cie par la nouvelle imprimerie Laballery à Clamecy, en septembre 2005.

Numéro d'impression : 509008
Dépôt légal : septembre 2005
Numéro d'édition : 121
Imprimé en France